AF331823

APPLICATION DE LA LOI DU 9 AVRIL 1898

INDEMNITÉ DES JUGES DE PAIX
ÉMOLUMENTS DES GREFFIERS ET OFFICIERS MINISTÉRIELS

I. — Loi de finances du 13 avril 1900.

Art. 31. — Pour les délivrances d'actes visées dans l'article 29 de la loi du 9 avril 1898, les greffiers et les officiers ministériels ont droit à un émolument. Un règlement d'administration publique déterminera les frais de transport des juges de paix.

En cas de conciliation et sur le vu de l'ordonnance du président du tribunal, le greffier délivre à l'administration de l'enregistrement et des domaines, contre l'adversaire de l'assisté, sur état taxé par le président du tribunal, un exécutoire de dépens qui comprend les avances faites par le Trésor, ainsi que les droits, frais et émoluments dus aux greffiers et aux officiers ministériels à l'occasion de l'enquête préalable et de la conciliation.

II. — Décret du 31 mai 1900 fixant l'indemnité des juges de paix en cas de déplacement.

Le Président de la République française,

Sur le rapport du Garde des sceaux, ministre de la justice,

Vu la loi du 9 avril 1898, concernant les responsabilités des accidents dont les ouvriers sont victimes dans leur travail ;

Vu l'art. 31 de la loi de finances du 13 avril 1900, relatif à l'application de la loi du 9 avril 1898, portant notamment :

« ... Un règlement d'administration publique déterminera les frais de transport des juges de paix ; »

Le Conseil d'État entendu,

Décrète :

Article premier. — Lorsque le juge de paix se transporte à plus de 2 kilomètres du chef-lieu de canton pour l'exécution de la loi du 9 avril 1898, il lui est alloué :

1° Par kilomètre parcouru, en allant et en revenant, si le transport est effectué par chemin de fer, 20 centimes ; si le transport a lieu autrement, 40 centimes ;

2° Une indemnité de 4 francs.

Si les opérations exigent un déplacement de plus d'une journée, l'indemnité est de 6 francs par journée.

Art. 2.—Le Garde des sceaux, ministre de la justice, est chargé de l'exécution du présent décret, qui sera publié au *Journal officiel* et inséré au *Bulletin des lois.*

Fait à Paris, le 31 mai 1900.   ÉMILE LOUBET.

Par le Président de la République :

Le Garde des Sceaux, Ministre de la Justice,

MONIS.

III. — Circulaire du 1er juin 1900 de M. le Garde des sceaux aux procureurs généraux.

Paris, le 1er juin 1900.

Monsieur le procureur général,

L'art. 31 de la loi de finances du 13 avril 1900 renferme les dispositions relatives à l'application de la loi du 9 avril 1898 concernant les responsabilités des accidents dont les ouvriers sont victimes dans leur travail, et sur lesquelles je crois utile d'appeler l'attention des juges de paix et des greffiers des cours, des tribunaux et des justices de paix.

I.—La perte du droit d'expédition, résultant de l'art. 29 de la loi susvisée, concernant les accidents, occasionnait aux greffiers et, en particulier, aux greffiers des justices de paix, un grave préjudice. L'art. 13 de cette loi, par exemple, autorise les parties intéressées à se faire délivrer une expédition de l'enquête faite par le juge de paix à la suite d'accidents de nature à entraîner la mort ou une incapacité permanente. Cette enquête peut être volumineuse; de plus, lorsqu'il se produit des sinistres dans une grande industrie, le chiffre des victimes peut être élevé. Le greffier délivre alors un grand nombre de rôles dans un délai relativement court, fixé par la loi à cinq jours; il est obligé fréquemment d'employer des auxiliaires. Tout ce travail, accompli sans rémunération, imposait une charge trop lourde à des officiers ministériels dont les ressources sont modestes.

On comprend très bien que la victime d'un accident ou les ayants droit puissent réclamer des expéditions sans avoir rien à débourser, mais le bénéfice de l'assistance judiciaire, qui leur est assuré de plein droit, suffit pour obtenir ce résultat. En revanche, il est juste que le chef d'industrie, recevant une expédition, rémunère le service rendu, et même qu'il soit tenu de payer, le cas échéant, le coût des expéditions remises à l'assisté.

Ces considérations ont motivé le vote de la première partie de l'art. 31 de la loi de finances qui est revenu au droit commun en matière de délivrance d'actes ou de jugements, et a abrogé, sur ce chef, la règle de la gratuité inscrite dans l'art. 29 de la loi du 9 avril 1898.

II. — Cette première mesure eût été, à elle seule, insuffisante pour donner satisfaction aux intérêts légitimes qu'il s'agissait de sauvegarder. Après avoir alloué des émoluments aux officiers ministériels, il faut leur procurer, en effet, les moyens de les recouvrer. Nous touchons d'ailleurs ici à une question qui intéresse, à la fois, le Trésor et les agents de la loi.

En matière d'accidents et sous le régime de l'assistance judiciaire qui est de règle, la procédure se suit au moyen des avances faites par le Trésor et sans que les officiers ministériels reçoivent aucune rémunération de l'assisté. Comment devait-on procéder pour le recouvrement des sommes avancées par l'administration de l'enregistrement et des émoluments dus aux officiers ministériels?

Sur ce point, la loi du 9 avril 1898 renfermait une lacune. Les seules dispositions applicables se trouvaient dans les art. 17 et 18 de la loi du 22 janvier 1851. Aux termes de ces articles, le recouvrement n'est possible que lorsque l'adversaire de l'assisté a été condamné aux dépens. C'est l'administration de l'enregistrement qui est chargée de l'opérer et l'exécutoire, qui lui est délivré à cette fin, a pour base le jugement de condamnation. Or, dans le plus grand nombre des cas, le règlement des accidents ayant entraîné la mort ou une incapacité permanente ne se fait pas à l'audience du tribunal ; les parties s'accordent presque toujours devant le juge conciliateur. Les frais de l'enquête prescrite par les art. 12 et 13 de la loi du 9 avril 1898 demeuraient, par suite, irrecouvrables.

Le deuxième paragraphe de l'art. 3 de la loi de finances du 13 avril 1900 remédie à cet état de choses. Faisant une application du principe en vertu duquel les frais exposés pour parvenir à la liquidation d'une dette sont un accessoire de cette dette et restent à la charge du débiteur, il décide que l'ordonnance du président, constatant l'accord des parties, emporte l'obligation, pour l'adversaire de l'assisté, de payer les frais de toute nature occasionnés par l'enquête préalable et par la tentative de conciliation.

Les greffiers des justices de paix auront soin de joindre au dossier de l'enquête, au moment de sa transmission au président du tribunal, leur mémoire visé par le juge de paix. Ils pourront y comprendre leurs avances, à moins qu'il ne leur paraisse préférable d'en réclamer directement le remboursement au Trésor.

Le mémoire des greffiers des justices de paix et, d'une manière générale, tous les états de frais qui devront être compris dans l'exécutoire de dépens délivré à l'administration de l'enregistrement seront soumis à la taxe du Président et resteront déposés au greffe du tribunal civil.

III. — Usant de la délégation qui lui a été donnée par l'article 31 de la loi de finances, le Gouvernement a substitué aux dispositions de l'article 1er de la loi du 21 juin 1845 et de l'ordonnance du 6 décembre de la même année, un tarif nouveau qui assure aux juges de paix, en cas de transport effectué en exécution de la loi du 9 avril 1898, une indemnité fixée d'après des bases plus équitables.

Ce tarif fait l'objet d'un décret en date du 31 mai 1900.

Il n'est rien alloué, pour frais de transport, lorsque le juge de paix ne se rend pas à plus de deux kilomètres du chef-lieu de canton. Au delà de cette distance, le magistrat enquêteur reçoit une allocation qui comprend les frais du voyage proprement dit et des frais de séjour.

Les frais de voyage sont calculés, d'après la distance, sur le pied de 0 fr. 20 par kilomètre parcouru, en allant et en revenant, si le transport est effectué par une voiture sur rails, et de 0 fr. 40, si le transport a lieu autrement.

Le juge de paix a droit, en outre, à 4 francs pour frais de séjour, quelle que soit la durée du transport, lorsqu'elle ne dépasse pas une journée. Dans le cas où les opérations exigent plus d'une journée, l'indemnité de séjour est de 6 francs par journée à compter du premier jour.

Je vous prie, Monsieur le Procureur général, de m'accuser réception de la présente circulaire. Vous voudrez bien en faire parvenir un exemplaire à chacun de vos substituts et à tous les juges de paix de votre ressort.

Recevez, Monsieur le Procureur général, l'assurance de ma considération très distinguée.

Le Garde des Sceaux, Ministre de la Justice,
MONIS.

Le Conseiller d'État,
Directeur des Affaires civiles et du Sceau,
L. LA BORDE.

CAISSE NATIONALE DES RETRAITES POUR LA VIEILLESSE

(Exécution de la loi du 9 avril 1898.)

NOTE sur la condition des contrats passés avec la caisse nationale des retraites pour la vieillesse, par application de l'article 28 de la loi du 9 avril 1898, concernant les responsabilités des accidents dont les ouvriers sont victimes dans leur travail.

I. — NATURE DES RENTES.

Les rentes dont la loi du 9 avril 1898 concernant les responsabilités des accidents du travail prescrit l'allocation aux victimes d'accidents ou à leurs ayants droit, sont définitives ou provisoires, suivant l'ancienneté des rentes, l'état civil ou la nationalité des titulaires.

Sont définitives les rentes concernant :

Les invalides de nationalité française, lorsque le délai de revision fixé par l'article 19 de la loi précitée est expiré ;

Les orphelins de mère et les orphelins de père *et* de mère, dans tous les cas ;

Les orphelins de père, lorsqu'il s'est écoulé, depuis l'accident, un délai de trois cents jours, après lequel il est certain qu'il ne surviendra pas de naissance posthume ;

Les descendants, autres que les enfants, et les ascendants d'ouvriers tués, dans tous les cas.

Sont provisoires les rentes concernant :

Les invalides de toute nationalité, tant que le terme du délai de revision n'est pas atteint ; dans ce cas, il peut y avoir lieu, avant l'expiration du délai dont il s'agit, à une augmentation ou à une diminution de la rente, par suite de l'aggravation ou de l'atténuation de l'infirmité du rentier, ou à la constitution de rentes au profit de ses ayants droit, s'il meurt des conséquences de l'accident dont il a été victime ;

Les invalides de nationalité étrangère, qui, lorsqu'ils cessent de résider sur le territoire français, doivent recevoir, pour toute indemnité, un capital égal à trois fois la rente qui leur avait été allouée :

Les conjoints de victimes d'accidents mortels qui, en cas de nouveau mariage, cessent d'avoir droit à leur rente viagère et reçoivent à titre d'indemnité totale, le triple du montant annuel de la rente ;

Les orphelins de père, tant qu'il ne s'est pas écoulé trois cents jours depuis l'accident : dans ce cas, la naissance d'un enfant conçu avant l'accident entraîne l'augmentation, soit du montant et du prix de la rente, soit du prix seulement, suivant que le groupe des orphelins comptait, avant la naissance posthume, moins de quatre têtes ou quatre têtes au moins.

Le prix des rentes définitives dépend exclusivement de la loi de mortalité applicable aux titulaires et du taux d'intérêt réalisabe dans le placement des capitaux représentatifs des rentes.

Celui des rentes provisoires dépend théoriquement, en outre, des probabilités relatives aux revisions motivées par l'aggravation ou l'amélioration de l'état des invalides ou par leur décès, au changement de résidence des étrangers, aux secondes noces, aux naissances posthumes.

Dans l'état actuel de la statistique, ces probabilités, à l'exception de celles qui concernent les revisions par suite de décès, ne sont pas susceptibles d'être déterminées d'une manière assez précise pour entrer dans l'évaluation du prix des rentes provisoires.

Or, les tarifs établis par la caisse nationale des retraites, conformément aux dispositions des articles 9 et 28 de la loi du 9 avril 1898, et publiés au *Journal officiel* du 10 mai 1899 (pages 3070 à 3108), ne tiennent compte que de la mortalité des deux tables C. R. et C. R. I. et du taux d'intérêt de 3,50 p. 100 par an, ou, plus exactement, de 0,875 p. 100 par trimestre.

Ils ne sont donc rigoureusement applicables qu'à la constitution des rentes définitives. Pour les rentes provisoires, il a semblé seulement possible, pour le moment, d'évaluer d'abord ces rentes comme si elles étaient définitives, sauf à modifier les contrats primitifs, en cas de revision dans le sens d'une augmentation ou d'une diminution des rentes, en cas de transfert de résidence à l'étranger ou de nouveau mariage, et en cas de naissance posthume, et à faire du risque de revision par suite de décès l'objet d'une assurance spéciale.

II. — MODIFICATION DES CONTRATS DE RENTES.

La modification des contrats de rentes passés avec la caisse nationale des retraites, par application de l'article 28 de la loi du 9 avril 1898, est effectuée, suivant les cas, dans les conditions ci-après :

a) *Revision de la rente d'un invalide dans le sens d'une augmentation.* — Pour charger la caisse nationale des retraites du service de la rente complémentaire, le débiteur de la rente doit verser un capital égal à l'excédent :

Du prix de la nouvelle rente totale, calculé à raison de la réduction de salaire correspondant à cette nouvelle rente et de l'ancienneté d'invalidité du titulaire au jour du versement.

Sur le prix de la rente primitive, calculé à raison de la réduction de salaire correspondant à cette rente primitive et de la même ancienneté d'invalidité.

Les arrérages de la rente complémentaire courus jusqu'au jour du versement exclusivement sont à la charge du débiteur de la rente. Ils peuvent être payés par l'intermédiaire de la caisse nationale des retraites, s'ils sont versés en même temps que le capital indiqué ci-dessus.

b) *Revision de la rente d'un invalide dans le sens d'une diminution.* — La caisse nationale des retraites rembourse au débiteur de la rente, sur sa demande accompagnée des justifications nécessaires, dans les quinze jours de l'arrivée de cette demande à la direction générale de la Caisse des dépôts et consignations, une somme égale à l'excédent :

Du prix de la rente primitive, calculé à raison de la réduction de salaire correspondant à cette rente primitive et de l'ancienneté d'invalidité du titulaire de la rente au jour du remboursement.

Sur le prix de la nouvelle rente réduite, calculé à raison de la réduction de salaire correspondant à cette nouvelle rente et de la même ancienneté d'invalidité.

Cette somme est remboursée à l'exclusion de tous arrérages afférents à la rente supprimée. Il appartient au débiteur de la rente de faire diligence pour mettre la caisse nationale des retraites en mesure de procéder à la réduction de la rente et pour obtenir le remboursement l'intéressant.

c) *Invalide étranger cessant de résider sur le territoire français.* *— Nouveau mariage du conjoint de la victime d'un accident mor-*

tel. — Le certificat de vie fourni pour le paiement de la pension due à un ouvrier étranger doit constater sa résidence sur le territoire français. De même, le certificat de vie délivré au conjoint survivant d'une victime d'accident mortel doit énoncer, d'une manière explicite et formelle, qu'il ne s'est pas remarié.

Lorsque la caisse nationale des retraites est informée, soit par les énonciations du certificat de vie, soit d'une autre manière, que l'une des deux causes de déchéance prévues à l'article 3 de la loi du 9 avril 1898 s'est produite, elle suspend le paiement des arrérages de la rente. Dès que les justifications nécessaires ont été produites, elle paye :

1° Au rentier, une somme égale au triple du montant annuel de la rente, augmenté des arrérages échus au jour où la déchéance est encourue, ou diminué de ceux qui auraient été indûment perçus depuis cette date, sur la production de certificats de vie basés sur des déclarations et attestations erronées;

2° Au débiteur de la rente, l'excédent du prix de cette rente, calculé à l'époque du paiement, sur le triple du montant annuel de la rente, ou, le cas échéant, sur ce triple du montant annuel de la rente diminué des arrérages indûment perçus depuis que la déchéance a été encourue.

Si ces arrérages dépassent le triple du montant annuel de la rente, le débiteur de la rente reçoit de la caisse nationale des retraites, intégralement, le prix de la rente, calculé à l'époque du dernier paiement d'arrérages.

d) *Naissance posthume d'un enfant dont le père a été victime d'un accident mortel.* — Lorsqu'un enfant, conçu avant l'accident mortel dont son père a été victime, naît vivant et viable après la constitution, à la caisse nationale des retraites, de la rente revenant aux autres ayants droit, l'admission de cet enfant au bénéfice de l'article 3 de la loi du 9 avril 1898, peut entraîner soit l'augmentation du montant et du prix de la rente, soit l'augmentation du prix de la rente seulement, suivant que le groupe des autres orphelins compte moins de quatre têtes ou quatre têtes au moins.

Dans les deux cas, pour faire entrer cet enfant au rang des rentiers de la caisse nationale des retraites, le débiteur de la rente doit verser un capital complémentaire égal à l'excédent :

Du prix de la rente reposant sur le groupe complet des orphelins vivants à la date du versement complémentaire;

Sur le prix de la rente reposant sur le groupe des orphelins tel qu'il se comporte à cette date, abstraction faite de l'enfant posthume.

En cas d'augmentation du montant de la rente, les arrérages correspondant à cette augmentation, courus jusqu'au jour du versement exclusivement, sont à la charge du débiteur de la rente. Ils peuvent être payés par l'intermédiaire de la caisse nationale des retraites, s'ils sont versés en même temps que le capital indiqué ci-dessus.

III. — ASSURANCE TEMPORAIRE EN CAS DE DÉCÈS D'UN RENTIER INVALIDE AU COURS DU DÉLAI DE REVISION.

A quelque époque que décède un invalide titulaire d'un rente viagère constituée à la caisse nationale des retraites, le débiteur de la rente ne peut prétendre à aucun remboursement sur le capital constitutif de cette rente, toutes les chances de mortalité de l'invalide étant entrées en ligne de compte dans la détermination de ce capital.

Au cas où le décès survient au cours du délai de revision prévu à l'article 19 de la loi du 9 avril 1898, le débiteur de la rente est exposé au risque d'avoir à effectuer un nouveau versement à la caisse nationale des retraites pour constituer des rentes au profit des ayants droit de l'invalide décédé. Pour permettre aux débiteurs des rentes de se garantir contre cette éventualité, la caisse nationale des retraites accepte des contrats d'assurance temporaire de rentes de survie au profit des ayants droit des invalides, en cas de décès de ceux-ci avant l'expiration du délai de revision, aux conditions suivantes :

1° Tout contrat de l'espèce doit être souscrit en même temps que le contrat de rente viagère au profit de l'invalide, dont le décès est susceptible d'entraîner par revision la constitution de rente au profit d'ayants droit;

2° Les débiteurs de rentes doivent déclarer, lors du premier versement de chaque année pour la constitution de rente au profit d'un invalide, qu'ils renoncent au bénéfice de l'assurance complémentaire proposée, ou qu'ils s'engagent à la contracter pour toutes les rentes à constituer par eux à la caisse nationale des retraites jusqu'au 31 décembre de l'année, et la comportant;

3° Si un débiteur de rente ne tient pas cet engagement, la caisse nationale des retraites peut, à son choix, maintenir les contrats d'assurance complémentaire souscrits dans l'année ou les annuler et rembourser, sans intérêts, les primes versées, déduction faite des arrérages payés sur les rentes constituées en exécution de ces contrats ;

4° En cas de revision dans le sens d'une augmentation ou d'une diminution de rente ayant pour conséquence de modifier l'opinion de la caisse nationale des retraites sur la mortalité de l'invalide titulaire de la rente, la caisse demande au débiteur de la rente de compléter la prime de l'assurance complémentaire ou lui en rembourse une partie.

Transitoirement, les débiteurs des rentes constituées à la caisse nationale des retraites antérieurement à la présente publication seront admis, jusqu'au 31 décembre prochain, à contracter une assurance complémentaire pour ces rentes, à condition que l'assurance s'étende à toutes les rentes qui la comportent.

La prime de l'assurance complémentaire dont il s'agit est égale à la prime unique d'une assurance en cas de décès d'un invalide pour le temps restant à courir jusqu'à l'expiration du délai de revision, garantissant le capital des rentes à constituer au profit des ayants droit, s'ils sont vivants au milieu de la période d'assurance.

Exemple. — Un ouvrier, né le 8 mars 1863 et gagnant un salaire annuel de 960 fr., a été victime, le 13 novembre 1899, d'un accident entraînant une incapacité permanente de travail. Le 6 juillet 1900, il a été statué sur la réduction que l'accident a fait subir à son salaire, — elle a été fixée à 50 p. 100, — et sur l'importance de la pension à lui allouer, — elle a été fixée à 240 fr., — et la période de revision s'est ouverte.

On demande quelle est, à la date du 18 mars 1901, la prime à verser à la caisse nationale des retraites, outre le capital constitutif de la rente de 240 fr. reposant sur la tête de l'invalide, pour assurer, s'il vient à mourir des suites de ses blessures, avant le 6 juillet 1903, terme du délai de revision, la constitution d'une rente viagère au profit de sa femme, née le 3 décembre 1869 et d'une rente temporaire au profit de ses trois enfants, nés le 27 mars 1899, le 28 septembre 1896 et le 12 août 1894.

La date moyenne entre la constitution de la pension, 18 mars 1901, et l'expiration du délai de revision, 6 juillet 1902, est le 12 mai 1902.

A cette date, l'âge de la femme, née le 3 décembre 1869, étant exactement trente-deux ans, cinq mois et neuf jours, et, à un demi-trimestre près, trente-deux ans et deux trimestres, le prix d'une rente viagère de 192 fr., égale à 20 p. 100 d'un salaire annuel de 960 fr., sera :

$$18,7158 \times 192 = 3.593 \text{ fr. } 4336,$$

soit en chiffres ronds 3.593 fr. [1].

D'autre part, à la date de la constitution de la rente sur la tête de l'invalide, 18 mars 1901, l'âge de la femme est exactement 31 ans, 3 mois et 15 jours.

Or, d'après la table CR [2], le nombre des vivants est :

A l'âge de 31 ans. 85.165

A l'âge de 32 ans. 84.551

Le nombre des décès, de 31 ans à 32 ans, en 360 jours, ressort donc à. 614

Par suite, le nombre des décès, de 31 ans à 31 ans, 3 mois et 15 jours, en 105 jours, est :

$$\frac{614 \times 105}{360} = \dots\dots\ 179$$

et, sur. 85.165

vivants à 31 ans, il reste. 84.986

survivants à 31 ans, 3 mois et 15 jours.

On trouve, au moyen d'un calcul semblable, que le nombre des survivants, à l'âge de 32 ans, 5 mois et 9 jours, d'après la table C R, est :

$$84.551 - (84.551 - 83.935) \times \frac{159}{360}$$

$$= 84.551 - 616 \times \frac{159}{360} = 84.551 - 272 = 84.279$$

La probabilité, pour une personne âgée de 31 ans, 3 mois et 15 jours, d'atteindre l'âge de

$$32 \text{ ans, 5 mois et 9 jours, est } \frac{84.279}{84.986} = 0.991.681$$

---

(1) Voir le *Journal officiel* du 10 mai 1899, tableau I, page 3070, et 1er problème, page 3106 (Voir notre brochure, pages 139 et 148).

(2) *Journal officiel* du 10 mai 1899, tableau I, page 3070 (Voir notre brochure, page 139).

En multipliant cette probabilité par le prix de la pension éven-
tuelle de la femme.. . . . . $\times 3.593$

on obtient la prime unique. . . . . $\overline{3.563}$

d'un capital de 3.593 francs différé de l'âge de 31 ans, 3 mois et
15 jours à celui de 32 ans, 5 mois et 9 jours, abstraction faite de
l'escompte au taux du tarif, pour la durée du différé.

A la date moyenne du 12 mai 1892, les âges des enfants nés
le 28 mars 1899, le 28 septembre 1896 et le 12 août 1894 seront :

Exactement : pour le plus jeune, 3 ans, 1 mois et 15 jours ; pour
le deuxième, 5 ans, 7 mois et 14 jours ; pour l'aîné, 7 ans et 9 mois ;

A un demi-trimestre près : pour le plus jeune, 3 ans et 1 trimestre ; pour le deuxième, 5 ans et 2 trimestres ; pour l'aîné, 7 ans
et 3 trimestres.

Le montant de la rente temporaire à constituer éventuellement
à leur profit sera :

1° S'ils sont tous les trois vivants, $960 \times 0.35 = 336$ francs.

2° S'il n'en reste que deux vivants, $960 \times 0.25 = 240$ francs.

3° Si un seul est vivant, $969 \times 0,15 = 144$ francs.

Dans le premier cas [1], le prix de la rente temporaire ressort à
$8,7841 \times 336 = 2.951$ francs.

Pour le deuxième cas [1], le prix de la rente temporaire sera, si
le plus jeune des enfants et le deuxième sont vivants, et l'aîné,
mort :

$$9,4762 \times 240 = 2.274 \text{ fr.} ;$$

Si le plus jeune et l'aîné sont vivants, et le deuxième mort :

$$8,8425 \times 240 = 2.122 \text{ fr.} ;$$

Si le deuxième et l'aîné sont vivants, et le plus jeune mort :

$$8,0049 \times 240 = 1.921 \text{ fr.}$$

Dans le troisième cas [2], on aura, pour le prix de la rente à
constituer éventuellement au profit du seul survivant, selon que ce
sera :

---

[1] Pour les raisons indiquées au *Journal officiel* du 10 mai 1899, page 3106, col. 2
et 3, sous le titre « Rentes collectives », le tarif de ces rentes n'a pas été publié. Les
prix des rentes collectives à utiliser, pour le calcul de la prime d'une assurance en cas
de décès au cours du délai de revision, seront indiqués aux intéressés (Voir notre
brochure, p. 150).

[2] Voir le *Journal officiel* du 10 mai 1899, tableau II, page 3070 et 2° problème,
page 3106 (Voir notre brochure, pages 139 et 148).

Le plus jeune 9,9928 $\times$ 144 = 1.439 fr.

Le deuxième 8,6096 $\times$ 144 = 1.240 fr.

L'aîné 7,0529 $\times$ 144 = 2.016 fr.

D'autre part, à la date de la constitution de la rente, le 18 mars 1901, les âges des enfants sont exactement :

Pour le plus jeune, 1 an, 11 mois et 21 jours.

Pour le deuxième, 4 ans, 5 mois et 20 jours.

Pour l'aîné, 6 ans, 7 mois et 6 jours.

En opérant, pour chacun des enfants, à l'aide de la table C R, à raison de leurs âges à la date de la constitution de la rente, 18 mars 1901, et à la date du 12 mai 1902, moyenne entre cette date et celle du terme du délai de revision, les mêmes calculs que ceux qui ont été indiqués ci-dessus pour la femme, on trouvera que la probabilité, à la date du 18 mars 1901, d'être encore vivant à celle du 12 mai 1902, est :

Pour le plus jeune . . . . $\dfrac{99,911}{101,734} = 0,982,081$;

Pour le deuxième . . . . $\dfrac{98,419}{99,013} = 0,994,001$;

Pour l'aîné. . . . . $\dfrac{97,638}{98,020} = 0,986,104.$

D'ailleurs, la probabilité de décéder entre les deux dates précitées est ;

Pour le plus jeune des enfants,

$$1 - 0,982,081 = 0,017,919 ;$$

Pour le deuxième,

$$1 - 0,994,001 = 0,005,999 ;$$

Pour l'aîné,

$$1 - 0,996,103 = 0,003,897.$$

Les probabilités individuelles d'existence et de décès des trois enfants étant connues, les probabilités composées, correspondant aux différentes manières dont il est possible que leur groupe se trouve formé à la date moyenne, s'en déduisent facilement.

La probabilité :

Que les trois enfants seront vivants à la date moyenne est :

$$0,982,081 \times 0,994,001 \times 0,996,103 = 0,972,385 ;$$

Que le plus jeune et le deuxième seront vivants, et l'aîné, mort :

$$0,982,081 \times 0,994,001 \times 0,003,897 = 0,003,804 ;$$

Que le plus jeune et l'aîné seront vivants, et le deuxième, mort,

$$0,982,081 \times 0,996,103 \times 0,005,999 = 0,005,869 ;$$

Que le deuxième et l'aîné seront vivants, et le plus jeune, mort,

$$0,994,001 \times 0,996,103, \times 0,017,919 = 0,017,742 ;$$

Que le plus jeune sera seul vivant,

$$0,982,081 \times 0,005,999 \times 0,003,897 = 0,000,023 ;$$

Que le deuxième sera seul vivant,

$$0,994,001 \times 0,017,919 \times 0,003,897 = 0,000,069 ;$$

Que l'aîné sera seul vivant,

$$0,996,103 \times 0,017,919 \times 0,005,999 = 0,000,107.$$

Les produits de ces probabilités par les prix de pensions correspondants sont :

$0.972.385 \times 2.951 = \dots$	2.870
$0.003.804 \times 2.274 = \dots$	9
$0.005.869 \times 2.122 = \dots$	12
$0.017.742 \times 1.921 = \dots$	34
$0.000.023 \times 1.439 = \dots$	»
$0.000.069 \times 1.240 = \dots$	»
$0.000.107 \times 1.016 = \dots$	»
Ensemble. $\dots$	2.925
En ajoutant le produit de même nature concernant la femme. $\dots$	3.563
On a un total de. $\dots$	6.488

A l'époque de l'accident, le 13 novembre 1899, l'âge de la victime, née le 8 mars 1863, était 37 ans, à une demi-année près. A la date de la constitution de le rente, le 18 mars 1901, l'ancienneté d'invalidité est de 1 an, 4 mois et 5 jours, et l'âge conventionnel de l'invalide, de 38 ans, 4 mois et 5 jours ; à la date d'expiration du délai de revision, l'ancienneté d'invalidité sera de 3 ans, 7 mois et 23 jours, et l'âge conventionnel de 40 ans, 7 mois et 23 jours.

D'après la partie de la table C R I [1] applicable aux personnes

---

(1) *Journal officiel* du 10 mai 1899, pagè 3074 (Voir notre brochure, p. 140).

frappées d'invalidité absolue à l'âge de trente-sept ans, le nombre des vivants est :

Après un an d'invalidité. 112.583
Après deux ans d'invalidité. 100.690

Le nombre des décès, pendant la 2ᵉ année d'invalidité, en 360 jours, est. 11.893

Par suite, le nombre des décès en 4 mois et 5 jours, ou en 125 jours, est

$$11.893 \times \frac{125}{360} = 4.130$$

et le nombre des survivants, après 1 an, 4 mois et 5 jours d'invalidité est

$$112.583 - 4.130 = 108.453$$

On trouvera de même, d'après la même partie de la table C. R. I., que le nombre des survivants après 3 ans, 7 mois et 23 jours d'invalidité est

$$93.047 - (93.047 - 87.843) \times \frac{233}{360}$$

$$= 93.047 - 5.204 \times \frac{233}{360} = 93.047 - 3.368 = 89.679$$

De 1 an, 4 mois et 5 jours d'ancienneté d'invalidité, à 3 ans, 7 mois et 23 jours, le nombre des décès ressort à

$$108.453 - 89.679 = 18.774$$

et la probabilité de décès à

$$\frac{18.774}{108.453} = 0.173.107$$

pour un invalide absolu, blessé à l'âge de 37 ans.

En employant la table CR, applicable aux personnes valides, on trouverait que la probabilité de décès, de 38 ans, 4 mois et 5 jours, âge conventionnel de l'invalide en cause à la date de la constitution de sa pension, à 40 ans, 7 mois et 23 jours, âge conventionnel à la date d'expiration du délai de revision, est :

$$\frac{80,591 - 79,050}{80,591} = \frac{1,541}{80,591} = 0,019,121.$$

La différence entre la probabilité de décès, en cas d'invalidité
absolue. 0.173.107
et celle qui concerne les personnes valides. 0.019.121
est. 0.153.986

On peut admettre que, pour la victime d'un accident ayant entraîné une réduction de salaire de 50 p. 100, la probabilité de
décès dont il y a lieu de tenir compte dans l'espèce sera

$$0,019121 \quad + \quad \frac{0,153986}{2}$$
$$= 0,019121 + 0,076993 = 0,096114$$

Le produit de 0,096114 par le chiffre 6.488, obtenu à la suite
des calculs concernant la femme et les enfants de l'invalide, soit
623 fr. 59, représente la prime cherchée, abstraction faite de l'escompte, au taux du tarif, pour le temps à courir du 18 mars 1901,
date de la souscription de l'assurance, jusqu'au 12 mai 1902, date
moyenne entre cette date et celle du terme du délai de revision.
La valeur actuelle, au taux de 0.875 p. 100 par trimestre, de
1 franc payable au bout de ce temps, qui est de 1 an, 1 mois et
24 jours, ressort à 0.960717. En multipliant ce chiffre par celui
de 623 fr. 59, qui vient d'être calculé, on obtient le chiffre de
599 francs.

La somme de 599 francs est la prime nécessaire pour assurer, si
l'invalide en cause venait à mourir avant le 6 juillet 1903, la constitution d'une rente viagère au profit de sa femme et d'une rente
temporaire au profit de ses enfants.

Le prix de la pension reposant sur la tête de l'invalide, calculé
dans les conditions indiquées au *Journal officiel* du 10 mai 1899,
page 3107, étant de 3,696 francs, la somme à verser à la caisse nationale des retraites, tant pour la constitution de la rente au profit
de l'invalide que pour l'assurance temporaire de rentes de survie
au profit de ses ayants droit est :

$$3,696 + 599 = 4,295 \text{ francs}$$

IV. — FORMALITÉS A REMPLIR ET PIÈCES A PRODUIRE
OU A COMMUNIQUER.

Toute souscription ou toute modification de contrat doit être
précédée, en vue du calcul préalable de la somme à verser à la
caisse nationale des retraites pour la vieillesse ou à rembourser

par elle, d'une demande adressée au conseiller d'État, directeur général de la Caisse des dépôts et consignations, soit directement, à Paris, rue de Lille, n° 56, et sans affranchir, soit par l'entremise des correspondants de la Caisse (trésoriers-payeurs généraux, receveurs particuliers des finances, percepteurs des contributions directes, receveurs des postes).

Cette demande doit indiquer la nature du contrat à souscrire ou de la modification à apporter à un contrat antérieur, et, suivant les cas :

1° La date à partir de laquelle le débiteur de la pension. sera en mesure de verser le capital constitutif de cette pension, et, s'il y a lieu, la prime complémentaire de l'assurance temporaire de rentes de survie ;

2° Les nom, prénoms et qualité de la personne chargée de recevoir la somme à rembourser par la caisse nationale des retraites ;

3° Le montant du salaire annuel ayant servi de base à la fixation de la rente de l'invalide, conformément aux dispositions des articles 8 et 10 de la loi du 9 avril 1898 ;

4° L'adresse exacte des titulaires des rentes à constituer immédiatement, en vue d'assurer l'envoi des titres et le paiement des arrérages, ainsi que leur nationalité et leur état civil.

A l'appui de sa demande, le signataire doit produire, selon le cas, les pièces suivantes :

1° Une expédition, signée par le greffier et revêtue du timbre du tribunal, de l'ordonnance, du jugement ou de l'arrêt intervenu pour fixer le montant des rentes, ou pour l'augmenter ou le diminuer ;

2° Une copie des actes de naissance des titulaires des rentes à constituer, soit immédiatement, soit éventuellement en vertu d'un contrat d'assurance temporaire de rentes de survie ;

3° Le titre de rente au cas où le signataire de la demande est atteint par l'une des deux déchéances prévues à l'article 3 de la loi du 9 avril 1898, et, suivant le cas, la copie de son acte de mariage ou une déclaration du changement de résidence ;

4° Une copie de l'acte de décès de l'invalide dont les ayants droit sont appelés au bénéfice d'une assurance temporaire de rentes de survie, ainsi qu'une expédition de la décision judiciaire faisant droit à leur demande en revision.

En cas de constitution de rente au profit d'un invalide, avec ou sans assurance temporaire de rentes de survie, le débiteur de la rente aura à communiquer à la caisse nationale des retraites le procès-verbal de l'enquête à laquelle le juge de paix a dû procéder, aux termes de l'article 12 de la loi du 9 avril 1898, à l'effet de rechercher, notamment, les ayants droit pouvant, le cas échéant, prétendre à une indemnité, le salaire quotidien et le salaire annuel de la victime.

Les copies d'actes de l'état civil à produire peuvent être délivrées sur papier libre et en forme d'extraits, à condition que ces extraits mentionnent, en toutes lettres, à la fois, la date de l'événement que l'acte constate et la date de la déclaration faite à l'officier de l'état civil. Les copies et les extraits doivent être signés par le maire ou le greffier qui les a délivrés et être revêtus du timbre de la mairie ou du tribunal.

En cas d'impossibilité de produire l'acte de naissance, il ne peut y être suppléé que par un acte de notoriété délivré dans les formes prescrites par l'article 71 du Code civil, ou par un extrait du jugement d'homologation dudit acte.

Si l'acte a été dressé à l'étranger, l'extrait à produire devra provenir des autorités compétentes ; cette pièce sera accompagnée d'une traduction régulière et revêtue, soit de la légalisation d'un agent consulaire français à l'étranger, soit de celle de l'agent diplomatique ou du consul du pays d'origine accrédité à Paris auprès du gouvernement français.

Lorsque la personne, née à l'étranger, dont l'acte de naissance est exigé, s'est mariée en France, on devra produire un extrait de cet acte, ou de la pièce en tenant lieu, annexé à son acte de mariage.

Pour les actes délivrés en Alsace-Lorraine, la légalisation de la signature du maire par le juge du tribunal cantonal ou le président du tribunal civil est seule exigée.

9 782014 039436